Vertraue Deiner Bestimmung

Ist die Angst nichts anderes als ein Wegweiser für unser Schicksal?

© 2020 Thomas Herold

Vertraue Deiner Bestimmung

Ist die Angst nichts anderes als ein
Wegweiser für unser Schicksal?

Revision 1.10

© 2020 Thomas Herold

thomasherold.com

Impressum

Umschlaggestaltung, Illustration: Thomas Herold
Lektorat: Klaus Schepers
Korrektorat: Susanne Wörz

Herstellung und Verlag: BoD - Books on Demand, Norderstedt

ISBN Paperback: 9783751990028
ASIN e-Book: B08GKYGLZS

Bibliografische Information der Deutschen Nationalbibliothek:
Die Deutsche Nationalbibliothek verzeichnet diese Publikation in der Deutschen Nationalbibliografie; detaillierte bibliografische Daten sind im Internet über http://dnb.d-nb.de abrufbar.

Inhalt

Über den Autor

Thomas Herold, Jahrgang 1963, lebte bis 1997 in Freiburg im Breisgau. Er studierte Elektrotechnik mit Schwerpunkt EDV, und gründete mit 21 seine erste Firma im Bereich Softwareentwicklung.

Seine Liebe galt allerdings schon in frühen Jahren der Metaphysik, und seine Reisen durch Indien prägten seinen weiteren Werdegang. Mit seiner nächsten Firma widmete er sich der Astrologie und erstellte eines der meist verkauften Programmpakete Astro Star im Europäischen Raum.

Danach hat er sich für 20 Jahre in den USA (Hawaii & Kalifornien) angesiedelt, und veröffentlichte über 35 Bücher für den Finanzmarkt. Durch die Finanzkrise in 2008 hat er tiefe Einblicke in das Finanzgeschehen erhalten, und seinen ersten Besteller 'Money Deception' geschrieben.

Es folgte ein Finanzlexikon Serie mit 16 Titeln, die über 1000 der wichtigsten Begriffe aus dem Finanzwesen ausführlich beschreiben. Sein zuletzt publiziertes Buch 'High Credit Score Secrets' zeigt die Strategien für das Erreichen einer optimalen Kreditwürdigkeit auf.

Seit 2016 ist er wieder in Freiburg in Breisgau und schreibt metaphysische Kurzgeschichten. „Einsteins wichtigste Erkenntnis" ist seine erste Kurzgeschichte aus der Welt der Metaphysik.

Thomas Herold ist nicht nur Autor, sondern auch begeisterter Tangotänzer. Er ist Mitglied im Citizen Circle, einer Community für ortsunabhängiges Arbeiten, kreative Selbstständigkeit und persönliche Weiterentwicklung.

Weitere Informationen zum Autor und seinen Büchern gibt es unter: thomasherold.com oder auf amazon.de.

*„Es glaubt der Mensch, sein Leben zu leiten, sich
selbst zu führen, und sein Innerstes wird unwidersteh-
lich nach seinem Schicksale gezogen"*
– Johann Wolfgang von Goethe

W as muss in unserem Leben passieren, dass wir uns mit der Thematik des Schicksals vertraut machen? Schicksal hört sich für die meisten von uns an wie: Ich habe keine Wahl, mir wurde etwas ohne mein Zugeständnis auferlegt, oder ich kann dem was passiert nicht umhin? In den frühen Jahren unseres Lebens, wenn jemand das Wort Schicksal während einer Unterhaltung benutzt, klingt es fast wie ein Fremdwort.

Der Begriff Schicksal erlangt für uns in dem Augenblick Bedeutung, in dem unser gewohntes selbstbestimmtes Leben aus den Fugen gerät. Eine schwere Krankheit, ein tragischer Unfall, der Tod eines Familienmitglieds, oder das abrupte Ende einer Liebesbeziehung. Unser Leben gerät außer Kontrolle.

Der Wunsch zurück in die Normalität bleibt uns verwehrt, und selbst mit größtem Kraftaufwand lässt sich unsere Situation nicht mehr in den Griff bekommen.

Durch Schmerz und Trauer erfahren wir eine neue Dimension des Lebens, einen Aspekt, den es bis dahin vielleicht nicht gegeben hat. Je älter wir allerdings werden, desto mehr gewinnen die Worte Bestimmung und Schicksal an Bedeutung. Das Leben erinnert uns daran, das es einen eigenen Plan zu verfolgen scheint. Einen Hinweis darauf bekommen wir meist erst dann, wenn unser eigener Plan plötzlich nicht mehr funktioniert.

Dies ist die Geschichte meiner Begegnung mit dem Schicksal. Es sollte mich in eine neue Richtung weisen. Eine Richtung, gegen die ich mich mit Händen und Füßen so lange vehement sträubte, bis es mich bewegungs- und tatenlos in die Knie gezwungen hat.

Mein erster Schicksalsschlag widerfuhr mir bereits mit 18 Jahren an. Mein Vater bekam plötzlich eines Nachts keine Luft mehr, und ist daraufhin gestorben. Noch Wochen danach bin ich immer um dieselbe Zeit aufgewacht und hörte die verzweifelten Hilferufe meiner Mutter.

Weiter ging es schicksalstechnisch für mich im Alter von 28 Jahren, und was in den nächsten drei Jahren passieren sollte, stellte alles bisher erlebte in den Schatten. Ich erzähle Ihnen meine Geschichte, um Ihnen Mut zu machen.

Sollte Ihr Leben irgendwann einmal völlig aus den Fugen geraten, wenn nichts mehr Sinn ergibt, wenn Sie keinen Ausweg mehr wissen, dann erinnern Sie sich vielleicht an meine Geschichte und ihren Ausgang.

Chaos, Veränderung und Auflösung

Es ist kurz vor vier Uhr nachmittags, ich starre auf mein leeres Zimmer. Links nahe dem Fenster steht noch ein Futonbett und neben mir eine kleine Reisetasche. Ich kann kaum glauben, wie wenig ich noch besitze! Im Vergleich zu anderen in meinem Alter war ich schon ein Minimalist, aber mal abgesehen vom Bett, das morgen abgeholt wird, besitze ich nur noch eine Reisetasche und das, was ich gerade trage.

Ein Kribbeln in der Magengegend, etwas hibbelig, und auch ein flaues Gefühl begleitet mich seit geraumer Zeit. Ich kann nicht verstehen, was im letzten Jahr wirklich passiert ist, dass mich derart in die Knie gezwungen hat. Ich bin dabei alles hinter mir zu lassen, und stelle mich dem Unbekannten, einer neuen Welt. Eine mir nicht bekannte Gewalt oder Mächtigkeit scheint mich anzutreiben und lenkt mich auf einen neuen Weg. Zahlreiche Versuche meinen eigenen Willen dem entgegenzusetzen scheiterten kläglich.

Falls Sie sich schon einmal mit Astrologie[1] beschäftigt haben, dann sind Sie vielleicht über den Begriff ‚Saturn Return‘[2], gestoßen. Die Astrologie spielt eine große Rolle in dieser Geschichte, deshalb kurz zur Bedeutung dieses Begriffs: der Planet Saturn durchwandert auf seiner Ellipse alle zwölf Tierkreiszeichen, und braucht dazu im Durchschnitt 29,5 Jahre. Wenn er seinen Ausgangspunkt wieder erreicht hat, dann steht er im selben Zeichen und an derselben Position wie bei Ihrer Geburt. Dort verweilt Saturn zwischen zwei und drei Jahren, was abhängig ist von der Position innerhalb der Planetenschleife[3].

Diese Phase wird in astrologischen Fachkreisen als Saturn Return bezeichnet. Der Saturn Return findet nur drei Mal in Ihrem Leben statt – ausgenommen Sie werden 120 Jahre alt. Die erste Rückkehr von Saturn beginnt im Alter zwischen 27 und 30 Jahren, die zweite zwischen 57 und 60 Jahren und die letzte zwischen 87 und 90 Jahren.

Vor allem der erste Saturn Return gilt als ein 'schwieriger' Übergangsprozess im Leben – er symbolisiert das Erwachsen werden. Es ist wie die erste Liebe, die endet. Man erlebt es das erste Mal und kann es nirgends einordnen – es ist eine gänzlich neue Erfahrung. In der astrologischen Lehre wird Saturn als der große Lehrmeister der Lüfte bezeichnet. ‚Lebensberater‘ oder ‚Personal Trainer‘ wären vielleicht passendere Begriffe. Der Saturn Return weist auf Ihre größten Lebens-Lektionen hin.

Hätte ich damals schon gewusst, dass ich mich inmitten meines ersten Saturn Returns befand, hätte ich mich vielleicht etwas weniger gegen die dramatischen Veränderungen gewehrt.

Bevor ich jetzt meine Geschichte fortsetze, lassen Sie uns die Uhr um zwei Jahre zurückdrehen und uns den gleichen Raum ansehen, in dem ich jetzt gerade sitze. Auch wenn es sich etwas seltsam anhört, aber dieser Raum scheint ein Eigenleben zu besitzen, das sich auf seine Bewohner überträgt. Klingt bizarr und erinnert Sie vielleicht an einen Gruselroman. Allerdings werden Sie bald besser verstehen, warum sich das für mich so anfühlte.

Die Suche nach der Wahrheit

Es war ein sommerlicher Freitagabend, als ich zum Abendessen mit meinen Freunden Peter, Anton und Lars hier in dieser besagten Wohnung ankam. Ich besuchte sie etwa zweimal pro Woche. Anton war Peters jüngerer Bruder, und Lars – ein Freund von Anton – war letztes Jahr eingezogen. Lars ging oft seinen eigenen Weg, war meistens in seinem Zimmer, und beteiligte sich nur wenig an unseren philosophischen Gesprächen.

Wir meditierten und sprachen anschließend über Metaphysik, insbesondere über die Astrologie.

Peter, der sich schon seit Jahren mit Astrologie beschäftigte, arbeitete viel mit einem Programm aus den USA. Er erstellte damit Textanalysen und verdiente sich nebenbei zu seinem Wirtschaftsstudium etwas Geld[4]. Sein Programm faszinierte mich vom ersten Tag an. Wir suchten zu dieser Zeit nach mehr Freiheit und Wahrheit in unserem Leben, und bedienten uns dabei verschiedener spiritueller Methoden. Wir waren der festen Überzeugung, dass es noch andere Wege geben müsste, als die wenigen ausgetretenen Pfade, welche uns die Gesellschaft vorschrieb.

Schon länger verspürte ich den Wunsch bei meinen Freunden zu wohnen, aber die Wohnung war bereits komplett belegt. Das Beisammensein mit meinen Freunden gab mir das Gefühl, akzeptiert und angenommen zu sein. Solange ich mich erinnern kann, fühlte ich mich als Außenseiter. Ich passte nirgendwo hinein. Die Welt schien – mit wenigen Ausnahmen – nicht für mich geschaffen zu sein.

Ein erster Hinweis auf das kommende Schicksal

Ein paar Tage vergingen, und ich besuchte meine Freunde wieder. Anton, der jüngere Bruder von Peter öffnete die Tür.

Ich spürte augenblicklich, dass etwas Schreckliches passiert sein musste. Meine beiden Freunde teilten mir mit, dass Lars auf dem Zebrastreifen beim Überqueren der Straße von einem Auto angefahren worden war, und dort wenige Minuten später gestorben ist. Wir waren schockiert, und eine dunkle, schwere Wolke von Trauer umhüllte uns.

Aber die Ereignisse sollten noch mysteriöser werden!

Um die Mittagszeit, einen Tag später meldete sich das forensische Team der örtlichen Polizeidienststelle und entdeckte Farbspuren von Dachziegeln an den Schuhen unseres toten Freundes. Wir starrten uns gegenseitig an, und ohne die Schlussfolgerungen der Beamten abzuwarten, wussten wir augenblicklich, was das bedeutete. Er beging Selbstmord, indem er sich vom Dach stürzte und am Anfang des Zebrastreifens vor dem Haus aufschlug. Uns fehlten die Worte. Fragen über Fragen tauchten auf und wir waren fassungslos über das Geschehen.

Etwa zwei Wochen nach diesem schrecklichen Vorfall, noch immer fassungslos und mit leicht betäubten Gefühlen, bezog ich sein Zimmer. Können Sie das nachvollziehen? Es zeigt Ihnen vielleicht, in welchem inneren zerrissenen Zustand ich selbst war. Welch skurrile Art und Weise, wie sich mein Wunsch erfüllen sollte mit meinen Freunden zusammenzuleben! Jemand geht, damit jemand anderes seinen Platz einnehmen kann – konnte das wirklich so sein?

Aufräumen, Ausmisten und Auflösen

Jetzt verstehen Sie vielleicht auch, warum ich erwähnt hatte, dass mich eine Art karmisches Schicksal mit diesem Raum verbindet. Vom ersten Tag meines Einzugs spürte ich wie dieser Raum mir scheinbar seinen eigenen Willen aufzwang, und einen Prozess einleitete, der die verborgensten Stellen meiner Persönlichkeit transformierte.

Monat um Monat gab ich Dinge weg, die sich seit meiner Kindheit angesammelt hatten. Jeden Tag betrachtete ich mein Zimmer und meine angehäuften Gegenstände, und entschied was ich als Nächstes aufgeben konnte. Entweder verkaufte ich sie günstig, verschenkte sie, oder brachte sie in den Abfall. Über lange Zeit hielt ich an wichtigen Dokumente fest, doch es kam der Tag, an dem ich auch meine Zeugnisse, Urkunden und Zertifikate aus Schulzeit, Lehrzeit und Elektronikstudium zerriss und in den Papierkorb beförderte. Es war fast nichts mehr übrig.

Ich verspürte den Drang Deutschland zu verlassen – ganz weit wegzugehen und das möglichst bald.

Meine erste Idee, mit dem Fahrrad zu den Philippinen zu radeln habe ich schnell aufgegeben, als mir meine Freunde den ‚Vogel' zeigten. An diesem Punkt in meinem Leben war es mir ziemlich egal was andere von mir dachten, aber auf meine Freunde hörte ich. Ihre Meinung zählte.

Peter und auch Lars hatten beide schon Indien bereist, und es faszinierte mich, wenn sie von ihren Abenteuern aus diesem mystischen spirituellen Land erzählten. Indien konnte man bis auf die Monsunzeit[5] eigentlich immer bereisen, und ich beschloss, dass es die erste Station auf meinem neuen Weg sein sollte. Endlich spürte ich den Mut in meinen Knochen mein geschütztes Umfeld zu verlassen, und mich auf ein Abenteuer einzulassen. Das spirituelle Gerede ist zwar äußerst interessant, es kann aber nicht meine eigenen Erfahrungen ersetzen – wie sich bald herausstellen würde auch sehr bittere.

Alles, was ich in diesem Moment noch in den Händen hielte, war eine Reisetasche und ein Ticket nach Indien. Indien dachte ich – mit all seinen Gurus – würde mir Antworten auf die wichtigsten Fragen geben, die ich im Leben hatte:

- Wer bin ich?
- Warum bin ich hier?
- Was ist die Liebe?

Neben dem Entrümpeln meiner Vergangenheit gab es allerdings noch eine weitere Geschichte, die parallel dazu verlief.

Inspiriert von meinem Freund Peter, hatte ich in diesem Jahr über mehrerer Monate hinweg intensiv an einem Computer-Programm gearbeitet. Peter hatte mir einige Zeit zuvor mein Geburtshoroskop erstellt und auch interpretiert.

Ursprünglich hielt ich nichts von der Astrologie[6], es entzog sich jeglicher wissenschaftlichen Methode. Es reichte schon aus nur das Wort ‚Astrologie‘ bei manchen Menschen zu erwähnen, um zweifelnde, verwunderte und nicht selten auch bemitleidende Blicke zu erhalten. Ich wusste genau was sie dachten, sie sprachen es aber nicht aus.

> *„Durch nichts bezeichnen die Menschen mehr ihren Charakter als durch das, was sie lächerlich finden".*
> - Johann Wolfgang von Goethe

Vielleicht können Sie nachvollziehen, in welchem inneren Zwiespalt ich mich befand? Auf der einen Seite glaubte ich an die wissenschaftlichen Tatsachen, auf der anderen Seite suchte ich nach Wahrheiten außerhalb dieser Doktrin.

Der Schlüssel zum eigenen Schicksal

Als mir mein Freund meine astrologischen Planetenkonstellationen interpretierte, war ich mehr als überrascht von den Aussagen, die er über mein Leben und mich machte. Wie konnte das möglich sein?

Je mehr ich mich mit der Astrologie beschäftigte, desto mehr Fragen und auch Zusammenhänge über mein Leben tauchten auf. War dies der Schlüssel, um sein eigenes Schicksal zu deuten? Schnell begriff ich, warum das Thema Astrologie die Menschen in zwei Lager spaltete. Die wenigen, die sich damit beschäftigten erkannten, dass es ihnen hilft Zusammenhänge im Leben zu verstehen, die die Wissenschaft nicht erklären kann.

Die meisten anderen bildeten sich Ihre Meinung durch das ‚fünfzeilige Horoskop‘ in der Boulevardpresse. Diese dienen schlichtweg zur Unterhaltung – ähnlich der Glückskekse[7], die man nach dem Essen beim Asiaten bekommt, mit Sprüchen wie z.B. ‚Es ist jetzt eine gute Zeit etwas Neues zu beginnen‘. Zweifelslos sind solche Aussagen so formuliert, dass sie für jeden passen.

An dieser Stelle sollten Sie auch wissen, dass mich die Themen Elektronik und Computer schon seit meiner frühen Kindheit in den Bann zogen. Nicht selten verbrachte ich Stunden im Keller meiner Eltern und zerlegte alte Radios und Fernseher, die ich vom Sperrmüll aufgelesen hatte, in ihre Einzelteile.

Ich war glücklich, wenn ich einfach an Dingen herumbastelte. Einfach kreativ sein, ohne das übliche nervige Gerede, das einem die Erwachsenen auftischen: Ich sollte mich besser meinen Hausaufgaben widmen, mehr für die Schule lernen, bessere Noten erzielen, damit ich später gute Aussichten für das Berufsleben habe.

Wie sich später in meinem Leben herausstellte, hat mich genau diese Leidenschaft vor der Ausweglosigkeit eine Lehrstelle ohne Schulabschluss zu finden bewahrt. Aber das ist eine andere Geschichte.

In meinem dritten Lehrjahr bei Siemens wurde ich mit dem ersten Computer vertraut gemacht. Es war ein einfacher Acht-Bit Experimentier-Baukasten, um die Grundlagen der Computerarchitektur zu lernen. Es war der Beginn einer ‚Liebe' die mich heute noch begleitet.

Ich war fasziniert davon, wie man mithilfe einer Programmiersprache automatische Abläufe erzeugen konnte. Es hatte einen leichten Beigeschmack davon Gott zu spielen – wenn auch nur auf einem mikroskopisch kleinen Raum. Einer der ersten Anwendungen, die sich mit ein paar Zeilen Programmcode leicht erstellen ließen, waren Mandelbrot-Grafiken[8], die auf einfachen mathematischen Grundlagen beruhten. Die erzeugten fraktalen Muster, die auf dem Monitor nach einiger Zeit erschienen, kamen abstrakten Gemälden gleich.

Das Astrologie-Programm, welches mein Freund Peter benutzte, war eines der besten auf dem Markt in den USA. Leider war es in Englisch, sehr komplex und dadurch schwer zu bedienen. Es war für den professionellen Astrologen konzipiert. Es störte mich, dass dieses durchaus professionelle Programm so schwierig zu bedienen war. Die Benutzeroberfläche, fand ich, sah aus wie ein Gemüsegarten.

Es musste doch möglich sein, dieses Programm ohne Bedienungshandbuch zu benutzen?

Einstieg in die Programmierung

Dieser Gedanke reizte mich, und so beschloss ich tiefer in die Sache einzusteigen, besorgte mir Power Basic[9] für den PC und lernte die Programmiersprache. Ich war auf der Stelle begeistert. Eine neue Welt tat sich auf. Nach einigen Problemen und Fehlschlägen konnte ich mir vorstellen mit diesem Werkzeug ein neues Astrologie-Programm zu entwickeln. Ein Programm, das einfacher zu benutzen war, bessere Grafiken hatte, und damit auch von Anfängern benutzt werden konnte.

Es war die Zeit, als der Personal Computer erschwinglich wurde, als in den USA Steve Jobs[10] mit Steve Wozniak[11] in seiner Garage den ersten Apple Computer zusammenbastelte. Es war die Pionierzeit der Computergiganten, welche heute Millionen von ‚Gadgets‘ verkaufen, Milliarden verdienen und damit die Welt der Kommunikation dominieren.

Eine weitere sehr befremdliche Sache, die mich in diesem Zeitraum begleitete, waren lange Phasen – manchmal Tage – von Bedrücktheit und Freudlosigkeit.

Es fühlte sich oft an wie eine Depression, wobei ich zu diesem Zeitpunkt nicht genau wusste, was dieser Begriff genau bedeutete. Heute weiß ich, dass es zum Großteil der Widerstand gegen das Leben selbst war. Unerwünschte Veränderungen gegen die wir uns wehren, Gefühle der Machtlosigkeit, und vor allem negative Gedanken, die mit Angst besetzt sind.

Es sind meistens Wachstumsprozesse, die wir allerdings als solche nicht erkennen. Der Mensch, hat er das Erwachsenenalter erreicht, weigert sich oft zunehmend gegen Veränderung, er versucht seinen Status quo aufrechtzuerhalten, und kämpft um seine Unabhängigkeit. Veränderungen möchte er selbst bestimmen. Sie sollen möglichst in seinen Zeitplan und Erfolgsplan passen.

Wenn ich nicht meiner Kreativität gefolgt wäre, und durch Programmieren zum Ausdruck gebracht hätte, vielleicht hätte mich ein ähnliches Schicksal erwartet wie das meines Freundes Lars.

Oft saß ich stundenlang auf Parkbänken, überwältigt von einer Sehnsucht nach etwas, was ich nicht in Worte fassen konnte. Ich fühlte mit dünnhäutig, verunsichert und ausgesprochen sensibel. Manchmal meinte ich inmitten einer Waschmaschine beim Schleudergang zu sein. Gefühle strömten über mich ein, die jenseits meiner Kontrolle lagen. Eine seltsame Kraft, die mich aufzulösen schien.

Von Eckhart Tolle[12] (spiritueller Lehrer und Bestsellerautor) sagt man, dass auch er viel Zeit auf Parkbänken verbracht hatte, allerdings in einer völlig anderen Verfassung. Er erlebte den Zustand des 'spirituellen Erwachens'. Zu dieser Zeit war er mir ein Unbekannter.

Damals spürte ich keine Verbindung zu einer höheren Macht, der ich wirklich vertrauen konnte. Ich war zwar durch meine Eltern und meine Erziehung mit dem christlichen Glauben vertraut, allerdings hatte ich keinerlei Bezug dazu. Ganz im Gegenteil – das Thema war mir sehr suspekt, und die wenigen Bibelgeschichten, die ich gelesen hatte, verstand ich nicht. Selbst mein Bemühen in der Bibelstunde mit dem Pfarrer darüber zu sprechen – jemand, der es eigentlich wissen muss – waren kläglich gescheitert. Dieses Ereignis hatte meinen Glauben an eine höhere Macht endgültig ruiniert.

Die meiste Zeit fühlte ich mich einfach nur verloren. Mit Ausnahme der Phasen, die ich am Computer mit programmieren verbrachte, kreisten meine widrigen Gedanken nur um mich selbst.

So geschahen in diesem Jahr drei Dinge: überwältigende und befremdende Gefühle der Einsamkeit, vermischt mit Angst und Verlorenheit. Ein Ausbruch der Kreativität der sich durch Programmieren entfaltete, und das komplette Entrümpeln meines bisherigen Lebens. Ich bereitete mich auf die Abreise nach Indien vor, ohne einen Plan für die Rückkehr zu haben.

Wenn jemand nur einen Sinn darin erkennen könnte!

Verlassen meiner Komfortzone

Die erste Station meiner Reise war Goa. Dort, wo in den frühen Achtzigerjahren die weltberühmten Trance-Partys[13] stattfanden. Die bildschönen Strände von Goa erstreckten sich kilometerweit, und waren zu meiner Verwunderung meistens menschenleer. Warum gab es hier kaum Touristen? Ich sollte es bald herausfinden.

Ich liebte die herrlichen Kokosnuss-Palmen vor den Dünen, die ich zuvor nur von Postkarten kannte. Wenn ich Lust auf eine Erfrischung hatte, tauche meistens – wie aus Geisteshand – ein indischer Junge auf. Geschickt, fast wie ein Affe, kletterte er mit ein paar Sprüngen auf die Palme. Ein paar gezielte Hiebe mit seiner Machete, und die Kokosnuss war trinkfertig. Jeden Tag unternahm ich lange Spaziergänge entlang den weißen, wie Puderzucker bestreuten Sandstränden.

Inmitten dieser herrlichen Umgebung stelle sich urplötzlich wieder diese Einsamkeit und Traurigkeit ein. Die neue Umgebung änderte scheinbar nichts an meinem inneren Zustand. Ich war an einem der schönsten Plätze, die man sich vorstellen konnte – einsam und allein!

An einem späten Nachmittag sah ich jemanden aus der Ferne des Ozeans in meine Richtung winken. Ich ignorierte ihn zunächst, aber diese Person brauchte offensichtlich Hilfe.

Ich näherte mich der Stelle und wartete, bis die Person auf mich zukam. Bis zu den Knien im Wasser stehend, half ich diesem Mann sein Boot – es sah eher aus wie ein ausgehöhlter Baum – auf den Strand zu wuchten. Für einen Augenblick betrachtete ich diesen Einstamm, der vom Wasser stark durchnässt war, und mir wurde klar, dass es unmöglich für eine Person war, dieses selbst gemachte Boot allein an Land zu bringen.

Er hatte einen mittelgroßen Fisch in seinem Netz und signalisierte mir mit Zeichensprache, dass ich ihn auf seinem Heimweg begleiten sollte. Für einen Moment war ich mir unsicher, beschloss aber kurzum ihn zu begleiten. Es wäre sicherlich unhöflich gewesen seine Einladung abzulehnen.

Nach einem etwa 30-minütigen Fußmarsch über die Dünen, kamen wir bei seiner Hütte an. Ein Gefühl der Scham überkam mich, als ich realisierte, dass mich der Mann zu sich nach Hause nehmen wollte. Mein Konzept des westlichen Wohlstands[14] kam ins Wanken. In der Hütte warteten bereits seine Frau und seine zwei Kinder. Ich saß mit ihm und seinen Kindern auf dem Boden, während die Frau den Fisch mit etwas Reis für uns zubereitete. Ein mittelgroßer Fisch für uns vier?

Das Gefühl der Scham in mir erreichte seinen Höhepunkt. Es schien, als ob jede Zelle meines Wesens davon durchdrungen war.

Im Laufe der nächsten Stunde verschwand die Scham und ich konnte jetzt die Lebendigkeit und Großherzigkeit dieser Familie genießen. Mein ursprüngliches Konzept – dieser Mann sei arm – verwandelte sich ins Gegenteil. Was für ein Reichtum[15], wenn man das wenige das man hat noch mit einem Fremden teilen kann! Der einzige der hier arm war, war ich.

Später am Abend, als ich nach Hause in meine vergleichsweise luxuriöse Wohnung kam und auf dem Bett lag, gingen mir die Bilder von diesem Erlebnis nicht mehr aus dem Kopf. Es war ein Ereignis, dass an meinem starren Verstand heftig zerrte und schon bald einige meiner konditionierten Gedankengebäude zum Einsturz brachte.

Abenteuer in Bombay und Poona

Zwei weitere Wochen vergingen. Ich beschloss meine Reise fortzusetzen, und mit dem Bus nach Bombay zu fahren. Dort angekommen, bemerkte ich zu meinem Erstaunen, dass es jetzt häufig regnete. Es war der Beginn des Monsuns. Von allen Jahreszeiten suchte ich mir die Regenzeit aus! Die meiste Zeit blieb ich in meinem Hotelzimmer, das ich mit einem Inder teilte, den ich im Bus nach Bombay kennengelernt hatte.

Monsun in Indien ist wie zwölf Stunden täglich unter der Dusche stehen.

Aber wie Sie wissen, hat alles immer auch zu mindestens eine andere Betrachtungsweise. So war die Luftqualität nach dem Monsun einfach fantastisch. Der Smog und der Staub, der sich sonst in der Luft befand, war verschwunden. Plötzlich war der Himmel glasklar, und man konnte die Landschaft kilometerweit mit dem bloßen Auge sehen.

Eine unbequeme, lange und holprige Busfahrt führte mich zu meinem nächsten Reiseabschnitt Pune – auch noch unter dem alten britischen Namen Poona bekannt. Dort fand ich ein kleines Zimmer nicht weit entfernt vom Koreagon Park[16], indem sich einer der berühmtesten Ashrams befand. Ein Jahr zuvor war dort der Indische Guru Osho[17] – auch unter dem Namen Bhagwan Shree Rajneesh bekannt – gestorben. Dieser Ashram hatte sich zu einem der größten Zentren für spirituelle Sucher aus dem Westen entwickelt.

Anfangs war es paradox und befremdend, dass man an einem dutzend Bettler vorbeimusste, um an den luxuriösen Eingang des Ashrams zu gelangen.

Zu meiner täglichen Routine zählten zwei Meditationen, eine am Vormittag und eine gegen Abend. Sie fanden in einem weißen prächtigen, zeltartigen Gebäude mit weißen Marmorböden statt. Dort fanden sich täglich mehrere hunderte ‚Wahrheitssucher‘ in Kastanien-farbigen Roben ein.

Es wurden unzählige Angebote für den Weg der Selbsterfahrung und ‚Erleuchtung‘ angeboten, aber zwei Meditationen pro Tag war schon mehr als ich verarbeiten konnte. Die intensiven Gefühle und Gedanken, die durch meinen Körper und Geist strömten, waren oft überwältigend.

Von innerer Stille war ich weit entfernt!

Wochen vergingen, und mir kam meine Mutter in den Sinn – hatte ich sie doch im Streit, ohne Abschied zu nehmen, verlassen. Alle meine Kindheitsgeschichten spulten sich urplötzlich wie Kurzfilme in meinem Kopf ab. Größtenteils Situationen, in der ich mich machtlos, hilflos und wütend fühlte. Ich schrieb alles auf, und mit jedem Tag hatte ich das Gefühl, dass sich das Pendel der Gefühle langsam in die andere Richtung bewegte.

Mein Blickwinkel verschob sich. Zum ersten Mal spürte ich Dankbarkeit für meine Mutter, und Tränen der Erleichterung suchten sich einen Weg aus Ihrer Unterdrückung.

Nach ein paar weiteren Wochen setzte ein Gefühl der Liebe zu meiner Mutter ein. Die Geschichten in meinem Kopf verschwanden zunehmend, und ein Zustand der Stille und des Friedens überkam mich. Ich konnte meine Mutter zum ersten Mal als das sehen, was sie wirklich war, ohne Wut, Ärger oder Verurteilung.

Das Pendel schlug wieder in die andere Richtung, und ich wurde plötzlich sehr krank.

Bei der Abreise aus Deutschland sprachen mir meine Freunde ins Gewissen: Iss niemals etwas von den Essbuden auf den Straßen von Indien. Diesen gut gemeinten Ratschlag hatte ich schon lange vergessen. Vergessen hatte ich auch die Bemerkungen, die sie mit einem leichten Grinsen im Gesicht aussprachen: Ich solle mich auf einen Kulturschock in Indien einstellen.

Aber genau das Gegenteil war der Fall. Das Leben in Indien schien – ohne eine einzige Ausnahme – alle Aspekte der menschlichen Erfahrung zu beinhalten. Von der Vielfalt der leuchtenden Farben aus denen die traditionellen Saris der Frauen genäht waren, bis zu den grau-schwarzen Lumpen, die wie Fetzen an den verkrüppelten und kranken Menschen hingen.

In Bombay hatte ich mir oft mehrmals am Tag Speisen von den Essbuden auf der Straße geholt – nichts war passiert. Gerade jetzt, in diesem sauberen Ashram, dort wo es das beste Essen gab – teilweise dreifach geprüft – wurde ich krank. Nicht nur verbrachte ich mehrere Tage auf der Toilette, zu allem Übel schwollen auch noch meine beiden Knie an. Sie begannen zu schmerzen, und das Gehen fiel mir schwer. Freunde schickten mich zum örtlichen Arzt, aber mit nur einem dutzend gesprochenen indischen Wörtern, war dies ein hoffnungsloses Unterfangen. Die Toilettenbesuche wurden zum Glück weniger, aber die Schmerzen in meinen Knien nahmen zu. Das dumpfe Gefühl, weit weg von zu Hause gestrandet zu sein, beschlich mich.

Panische Angst breitete sich in mir aus: Ich muss sofort nach Hause fliegen, sonst überlebe ich hier nicht. Im Vergleich zur medizinischen Versorgung in Deutschland sah dieser Ort aus wie eine Brutstätte von Voodoo-Magiern. Das war vor etwa 30 Jahren, mittlerweile ist Indien der westlichen Welt in vielerlei Hinsicht voraus!

Die Heimreise

Mit größter Anstrengung kaufte ich ein Flugticket, und zehn Tage später befand ich mich schließlich auf dem Heimweg. Es waren dreieinhalb Monate seit meiner Abreise aus Deutschland vergangen, aber für mich fühlte es sich an als ob ein ganzes Jahr vergangen wäre. Ich brauchte dringend medizinische Hilfe. Zurück in Deutschland konnte ich bei meiner Mutter im Haus das Gästezimmer beziehen. Sie war überglücklich mich wiederzusehen, aber auch sehr besorgt um meinen Gesundheitszustand.

Ich war von der langen Reise restlos erschöpft, fühlte mich wackelig auf den Beinen, und wollte nur noch eins – schnellstmöglich wieder gesund werden. Aber dieser Wunsch wurde mir nur sehr zögerlich erfüllt – vielleicht auch wegen meiner Vorgeschichte.

Zwei Jahre vor meiner Reise nach Indien hatte ich bereits starke Knieschmerzen. Meine Kniegelenke konnte man nicht mehr sehen – an ihrer Stelle befanden sich wassergefüllte ballonartige Gebilde.

Ich konnte nicht mehr laufen. Um an den Kühlschrank oder auf mein Bett zu gelangen, musste ich auf dem Bauch über den Parkettboden robben. Meine Mutter brachte mich damals in eine Rheuma-Spezialklinik. Mehrere Ärzte versicherten mir, dass ich Arthrose in den Knien hatte. Ich solle mich darauf einstellen, dass es mich ein Leben lang begleiten wird. Mit Kortison-Spritzen könne man Rheuma gut in den Griff bekommen, meinten sie. Die erste Spritze bekam ich noch am ersten Tag.

Nach etwa einer Woche Krankenhausaufenthalt waren meine Knie abgeschwollen. Die Ärzte wollten mich noch länger behalten, doch ich war unzufrieden mit der Behandlungsmethodik und die mir prophezeite Zukunft sah alles andere als rosig aus. Ich entließ mich darauf selbst auf eigene Verantwortung. Als ob Ärzte die Verantwortung über mich hätten!

Jetzt können Sie möglicherweise nachvollziehen, wie ich mich in Indien fühlte. Ich hatte Todesängste, dass die starken Schmerzen zurückkommen würden, und ich wieder auf den Knien landete.

Bei diesem zweiten Ausbruch wurde mir klar, dass es nun an der Zeit war mich meiner Krankheit zu stellen. Keine traditionellen Ärzte mehr, nicht länger nur Symptombekämpfung, und auch keine Kortison-Spritzen mehr. Es musste einen Weg geben, wie ich mich von dieser Krankheit heilen konnte. Ich wollte mich nicht länger mit der Hoffnungslosigkeit der medizinischen Aussagen der Ärzte zufriedengeben.

Ich musste jetzt der Wahrheit auf den Grund gehen. Ein Heilpraktiker im Ort empfahl mir eine Entgiftungskur mithilfe von Chlorella – einer Süßwasseralge. Daraufhin wurde es schon etwas besser.

Während dieser Zeit blieb ich meistens tagsüber im Bett und arbeitete an meinem Astrologie-Programm weiter – es war wie ein Rettungsanker für mich. Drei Kopien hatte ich nach Indien mitgenommen und alle drei hatte ich im Ashram verkauft. Das gab mir Mut und Kraft weiterzumachen.

Ich forschte weiter an meinem Gesundheitsproblem und verlagerte meine Aufmerksamkeit vom physischen in den psychischen Bereich. Es war diagnostiziert als eine Autoimmunkrankheit. Mein Körper kämpfte gegen sich selbst – wogegen kämpfte ich? Wolfgang Döbereiners[18] Buch ‚Astrologisch homöopathische Erfahrungsbilder‘ zeigte mir meinen inneren Konflikt auf. Oft spürte ich Aggressionen, traute mich aber nicht sie auszudrücken. Zu diesem Widerspruch gesellte sich meine Art zu denken, wollte ich doch ständig meinen eigenen Willen durchsetzen – koste es was es wolle.

Die ersten Erkenntnisse

Diese Art zu denken brachte mich auf meine Knie. Das Bild von betenden Menschen schoss durch meinen Kopf, und ich hatte eine Einsicht.

Demut war bis zu diesem Augenblick ein Fremdwort in meinem Leben. Diese Erkenntnis traf mich wie ein Blitzschlag, und eine Welle von Tränen bedeckte stundenlang mein Gesicht. Es war der Schlüssel zu meiner Heilung.

Meine Knie wurden über die nächsten Wochen deutlich besser, und bald konnte ich mit einem Freund wieder kurze Spaziergänge rund um den nahegelegenen See unternehmen. Zum ersten Mal seit Wochen sah ich die Umgebung wieder, in der ich lange Zeit meiner Kindheit verbrachte. Die saftigen grünen Wiesen, die glücklichen Kühe, und der blau schimmernde See unterhalb des Ortes.

Es war noch Sommer und es war ein heißer Tag als ich einen Tanklastzug beobachtete, der die Straßen mit Wasser reinigte – mit Trinkwasserqualität – versteht sich. Ein paar Wochen zuvor sah ich noch indische Kühe, die nur noch aus Haut und Knochen bestanden – Stunden unterwegs zur nächsten Wasserquelle.

Dieses Ereignis löste eine Art Kurzschluss in meinem Verstand aus. Hier und jetzt – wieder zurück in Deutschland – hatte ich den Kulturschock, den mir Freunde für Indien vorausgesagt hatten. Die Erinnerung an die Werbung von Ritter Sport Schokolade kreiste wie eine Endlosschleife in meinem Kopf: quadratisch, praktisch, gut! Das war Deutschland für mich!

Ausgerechnet als ich auf dem Weg der Besserung war, brach eine neue Welle der Verzweiflung in mir los. Ich musste hier weg, und zwar so schnell wie möglich.

Weitere ein bis zwei Wochen vergingen, und ich erholte mich vollständig. Meine Knie waren wieder auf normale Größe geschrumpft und man konnte nach langer Zeit wieder die Gelenke sehen.

Zusammen mit einem Freund, der sich auch Veränderung wünschte, fuhr ich nach Freiburg und suchte eine neue Wohnung. Allerdings war zu diesem Zeitpunkt nichts erhältlich. Ein paar Monate später, kurz vor Weihnachten, erhielt ich einen Anruf aus Freiburg. Ein Zimmer in einer WG werde bald frei werden, und ich könnte am ersten Tag im neuen Jahr einziehen. Das war ein wunderbares Vor-Weihnachtsgeschenk.

Neue Herausforderungen

Hingebungsvoll, und oft bis in die Nacht hinein, arbeitete ich weiter an meinem Astrologie-Programm. Geld war knapp geworden, ich brauchte dringend ein Einkommen um Miete und Essen zu bezahlen. Mein erster Versuch auf dem Arbeitsmarkt: der Verkauf von elektronischen Bauteilen am Telefon. An einem alten Schreibtisch sitzend, ein Telefon und eine ausgedruckte Liste mit Kontakten vor mir, rufe ich Kunden an. Acht Stunden am Tag die sich hinzogen wie die Tour de France. Nach einer Woche kündigte ich – bevor mich der Wahnsinn und die Depression heimsuchen würde.

Einkommen nach einer Woche Telefonterror: Nichts, null, nada! Das kann passieren, wenn man zu 100 % auf Provision arbeitet – sagt mein Chef, als ich das Büro endgültig verließ. Meine Faust blieb zum Glück nur geballt in meiner Hosentasche.

Der nächste Job war nicht besser. Diesmal lautete die Devise so viele Kataloge für Tiefkühlkost an so viele Haustüren wie möglich auszulegen. Ähnlich wie die hausinterne Marketing-Strategie von Coca-Cola: ‚Sell more Coke to more people more often‘. Was übersetzt so viel bedeutet wie: Verkaufe mehr Cola an immer mehr Kunden. Jetzt raten Sie mal, was mein Verdienst nach einer Woche war? Nichts, null, nada! Ich hatte wieder nur auf Kommission gearbeitet.

Keine Arbeit auf Kommission mehr, beschloss ich!

Mein nächster Versuch der Geldbeschaffung führte mich zum lokalen Verkehrsunternehmen. Endlich ein Betrieb, der mich auf Stundenbasis für die Durchführung von Fahrgastbefragungen in Bussen bezahlt. Das funktionierte recht gut für die nächsten zwei Monaten, und ich hatte anschließend wieder Zeit mich dem Programmieren zu widmen.

Viele weitere Abende – oft bis in die Nacht – verbrachte ich mit programmieren. Eine Zeit, in der meine Zimmergenossen Musik machten, feierten oder einfach zusammen saßen. Bisweilen fühlte es sich seltsam an, nicht daran teilzunehmen, aber ich wurde innerlich getrieben mein Programm fertigzustellen.

Es bekam eine Art Eigenleben – meine neue Identität – das Einzige in meinem Leben das mir Freude bereitete. In dieser Zeit stand ich mehrere Male vor dem Entschluss alles hinzuwerfen und aufzugeben. Es war ein ständiger Kampf zwischen meinem rationalen Verstand und einer enormen Kreativität, die sich aus einem mir unbekannten Zentrum entfaltete.

Der freudige Tag kam, an dem ich mein erstes Programm verkaufte. Das erste Einkommen – mal abgesehen von den drei Kopien in Indien – aus dem Verkauf meines Astrologie-Programms. Ich sagte mir: wenn ich eine Kopie verkaufen kann, dann kann ich auch eine zweite oder dritte Kopie verkaufen, und wenn ich mehr als drei Kopien verkaufen würde, dann war das Programm kein Flop.

Einige Wochen später begann ich in einer renommierten Astrologie-Zeitschrift zu inserieren. Die Anzeigen waren Erfolg versprechend, und davon inspiriert schaltete ich weitere Anzeigen in anderen Magazinen. Bereits nach etwa drei bis vier weiteren Monate konnte ich durch den Verkauf meines Programms meinen Lebensunterhalt finanzieren.

Es war der Durchbruch, auf dem ich immer gehofft hatte. Endlich war mein Tag gekommen um zu Feiern!

Die ersten Erfolge

Jedoch merkte ich auch, dass noch viel Arbeit vor mir lag. Mein Programm enthielt noch reichlich Fehler und außerdem wünschten sich Kunden zusätzliche Funktionen. Mir wurde klar, dass ich Unterstützung benötigte und beauftrage einen Freund mit dem Versand.

Ich hatte nun wieder mehr Zeit mich auf das Programmieren zu konzentrieren, und darüber hinaus auch eine Vertriebsfirma zu suchen. Bis zu diesem Zeitpunkt hatte ich jede einzelne Kopie über das Telefon verkauft.

Eine Softwarefirma bot mir an mein Programm in ihren Katalog aufzunehmen, was bedeutete, dass mein Programm schon bald in Computergeschäften innerhalb Deutschlands erhältlich sein würde. Knapp vierzehn Tage später hielt ich einen Scheck über eine Vorauszahlung von 12.000 D-Mark in meinen Händen. Eine Summe, die sich anfühlte wie ein Lottogewinn.

Die Verkaufszahlen stiegen weiter an, allerdings sah ich bereits die nächste gewaltige Hürde auf mich zukommen. Das Programm war in MS-DOS geschrieben – und das in einer Zeit als Microsoft begann den Softwaremarkt der Personal Computer zu dominieren. Die ersten Versionen von Windows waren bereits auf dem Markt, und mir war klar, dass MS-DOS Programme bald obsolet wurden.

Ich entschied mich einen Geschäftspartner an Board zu nehmen, der sich auf die Programmierung spezialisiert, was es mir ermöglichen sollte mich Vollzeit auf Marketing und Vertrieb zu konzentrieren. Wir beschlossen, ein Büro zu mieten, um mehr Synergie für unsere Arbeit zu erreichen. Sechs Monate vergingen, und das Windows-Programm steckte zu meinem Erschrecken noch immer in den Kinderschuhen – hinzukamen steigende Ausgaben.

Wir benötigten dringend mehr Programmierer, um die Windows-Version fertig zu stellen. Wir stellten fünf weitere Programmierer ein. Mein Partner war jetzt hauptsächlich mit der Koordination der Programmierer beschäftigt. Zumindest konnten wir jetzt die ersten Fortschritte sehen.

Unsere Geldressourcen schmolzen jetzt noch schneller dahin. Wir benötigten dringend eine finanzielle Lösung, um unser Projekt fortzusetzen. Mein Bankkonto zeigte tiefrote Zahlen, und mein Partner war ebenfalls nicht weit vom Bankrott entfernt. Wir trafen gesonderte Vereinbarungen mit den Programmierern, um einen Teil der Zahlungen in die Zukunft zu verschieben. Abgesehen davon, hatten wir vor eine GmbH[19] zu gründen, um unsere Firma vor Schadensansprüchen abzusichern und eine solide Vertrauensbasis für unsere Kunden zu schaffen. Die Voraussetzung für die Gründung einer solchen Firmenstruktur belief sich auf 50.000 D-Mark, ausweisbar als Guthaben auf der Bank.

Die Summe unserer beiden privaten Konten entsprach beinahe diesem Betrag – abgesehen vom negativen Vorzeichen!

Mehrere Gespräche über eine Kreditaufnahme mit lokalen Banken führten nur zu Absagen. Auch auf eine Anzeige zur Kapitalsuche in lokalen und bundesweiten Zeitungen tat sich nichts. Niemand wollte uns Geld geben. Die Situation wurde zunehmend bedrückend für alle. Ich musste sehr bald eine Lösung finden.

Als ich mich auf dem Heimweg von der Arbeit in der Straßenbahn befand, schienen meine Gedanken wie Flammen umher zuschlagen. Hatte jemand den Feueralarm ausgelöst? Die Gedanken glühten, sie legten mich in Ketten und ich konnte nirgends einen Ausgang finden. Es fühlte sich an wie ein Großbrand, dazu ertönten ein halbes Dutzend Sirenen.

Ich brauchte eine Lösung – jetzt gleich!

Noch vom Feuer in meinem Kopf verfolgt, endlich zu Hause angekommen, versuchte ich mich erst einmal auf dem Sofa zu entspannen. Der Gedanke schoss mir plötzlich durch den Kopf, dass ich bis zu diesem Zeitpunkt nur ausgetretene Pfade der Geldbeschaffung benutzt habe. Alle Versuche lagen immer noch innerhalb meiner Komfortzone.

Jetzt war es an der Zeit diesen Ort der Bequemlichkeit zu verlassen, Gas zu geben und mich meiner Angst zu stellen. Der Pleitegeier zog schon seit einiger Zeit seine Bahnen über uns.

Ohne eine Geldspritze würden unsere gemeinsamen Träume bald in Schutt und Asche liegen.

Der überraschende Durchbruch

Ich lenkte meine Aufmerksamkeit auf die Angst und notierte drei Personen, die mir in den Sinn kamen. Personen bei denen ich enorme Angst und Widerstände spürte um 50.000 D-Markt zu bitten. Der Blick auf die drei Namen versetzte mich beinahe in eine Starre. Es fühlte sich wie kilometerweit außerhalb meiner Komfortzone an. Allerdings sagte ich mir: mehr als ein Nein konnte ich nicht bekommen.

> *„Probleme kann man niemals mit derselbe Denkweise lösen, durch die sie entstanden sind."*
> - Albert Einstein

Meine Mutter stand als Erstes auf der Liste. Ich hasste es, sie zu fragen – wie erniedrigend. Noch wenige Monate vor meiner Abreise nach Indien hatte ich den größten Streit mit ihr. Aber Ausreden wollte ich an diesem Punkt nicht länger zulassen. Natürlich lehnte sie ab, und ich strich ihren Namen von der Liste. Auf Platz zwei der Liste stand mein Nachbar.

Was für eine irrsinnige Idee, ich kannte ihn kaum. Ungeachtet dessen glaubte ich, dass er Geld hatte. Ich klopfte an seine Tür, trat ein und bat ihn um 50.000 D-Mark. Er lehnte ab, und es war ein Wunder dass er mich nicht sofort hinauswarf.

Es wurde spannend, auf meiner Liste verblieb jetzt nur noch ein Name.

Es war mein Avatar-Lehrer. Mit ihm zusammen hatte ich in den letzten zwei Jahren intensiv an versteckten und blockierenden Überzeugungen gearbeitet. Der Avatar-Workshop enthält eine Reihe von Erfahrungsübungen, die es ermöglicht, unser Selbst wiederzuentdecken und unser Bewusstsein auf das auszurichten, was wir erreichen wollen. Die Philosophie von ‚Star's Edge'[20], und Harry Palmer[21], welcher die Kurse anbietet, ist eine der bedeutendsten und kraftvollsten Visionen, die ich kenne.

> *„Die Mission von Avatar® in der Welt ist es, die Integration von Glaubenssystemen zu katalysieren. Wenn wir erkennen, dass der einzige Unterschied zwischen uns unsere Überzeugungen sind, und dass Überzeugungen mit Leichtigkeit geschaffen oder diskreiert werden können, wird das richtige und das falsche Spiel enden, ein ko-kreatives Spiel wird sich entfalten, und es wird Weltfrieden entstehen."*
> – Harry Palmer

Das, was ich durch das Avatar-Kursmaterial gelernt habe, hat mich ein großes Stück näher zu mir selbst gebracht. Viele, meiner konditionierten Überzeugungen konnte ich entweder loswerden, oder durch neue unterstützende Konzepte ersetzen. Lange Zeit war mir der Unterschied zwischen Realität und Fiktion nicht klar. Diese Erfahrungen und Erkenntnisse konnte ich auch in meine Firma einbringen. Ohne diesen Rückhalt an geistiger Klarheit hätte ich wahrscheinlich schon viele Male vorher aufgegeben.

Ich wählte die Nummer...

Das Telefon klingelt, eine fremde Stimme am anderen Ende. Er sagt, er sei ein Freund, der nur kurz zu Besuch ist. Mein Avatar-Lehrer sei im Moment nicht hier, ob er mir weiterhelfen könne. Ich umriss mit wenigen Sätzen unsere geschäftliche Situation. Er hörte mir geduldig zu, ohne ein einziges Wort zu sagen. Nach einer Weile äußerte er sich: „Wie viel Geld brauchst Du?". Ich sagte: „50.000". Nicht die geringste Reaktion am anderen Ende des Telefons. Ich solle einen Vertrag aufsetzen, ihm zusenden, und in einer Woche würde ich das Geld erhalten.

Ein Feuerwerk der Gefühle explodierte in meinen Körper. Ich war fassungslos, überrascht und voller Freude. Konnte das wirklich die Lösung sein? Während der letzten zwei Jahre hatte ich mehrmals die Erfahrung gemacht, dass Geschäftsinteressenten Dinge versprachen, aber später nicht zu ihrem Wort standen. Aufgrund dieser Erinnerung war die Freude schnell verpufft – ich war skeptisch.

Noch am nächsten Tag setzten wir den Vertrag auf und brachten ihn zur Post. Genau eine Woche später waren die versprochenen 50.000 D-Mark auf unserem Geschäftskonto.

Wenn das kein Wunder war, wie würden Sie es dann nennen? Einen Kredit von 50.000 D-Mark von jemandem zu bekommen, den ich nicht einmal kannte – in etwa sieben Minuten durch einen Telefonanruf!

Mein Schicksal drehte sich, und nahm einen neuen Weg.

Unnötig zu sagen, dass alle Mitarbeiter in der Firma überglücklich waren. Zuversicht und Motivation waren wieder zurück im Team. Nach weiteren sechs Monaten harter Arbeit hatten wir unsere erste Windows-Version fertiggestellt. Einen Vertrag mit einer Vertriebsfirma hatte ich bereits in der Tasche, und ein fester Termin für die Lieferung unserer fertigen Software war auch vereinbart.

Der Tag des Abgabetermins rückte näher, aber unser Programm hatte immer noch unzählige Fehler und Probleme. Wir hatten die Abgabefrist bereits zweimal überschritten und beauftragten einen Kurier damit, das Programm persönlich an den Vertriebspartner zu liefern. Zwei Tage bevor der Kurier zu uns kommen sollte, hatte unser Programm noch über 120 dokumentierte Fehler, die wir unter allen Umständen beseitigen mussten. Nicht auszudenken, wenn hunderte von Kunden diese fehlerhafte Software benutzen würden! Unsere Hotline, die wir zu diesem Zeitpunkt noch nicht einmal geplant hatten, würde zusammenbrechen.

Wir beschlossen einen 48 Stunden Software-Debugging-Marathon. Die nächsten zwei Tage arbeiteten wir nur mit halbstündigen Pausen. Literweise schwarzer Kaffee und unzählige Pizzas halfen uns wach und fit zu bleiben. Plötzlich fingen unsere Computer an den Geist aufzugeben. Ständig mussten wir sie neu booten, was wertvolle Zeit kostete. Konnte es sein, dass sie auf unseren Stresspegel reagierten?

Es war Mittwoch neun Uhr am Morgen als der Kuriermann an der Tür klingelte. Unser Programm hatte immer noch Fehler, wir konnten allerdings die Liste der Fehler von 120 auf 12 reduzieren. Über eine Stunde verging, der Kurier wurde ungeduldig. Nochmal den CD-Brenner anlaufen lassen und die endgültige Master-Version war fertig.

Drei Jahre später hatten wir über 200.000 Exemplare unseres Programms[22] verkauft und etablierten uns als das führende Unternehmen für Astrologie-Software in Europa. Im letzten Jahr – vor meinem Ausscheiden aus der Firma – hatten wir über 1 Million D-Mark Umsatz erreicht. Unser Programm verfügte jetzt über 12 professionelle Analyse-Module, die der Kunde beliebig miteinander kombinieren konnte.

Rückblickend erscheinen mir diese Jahre wie eine turbulente Achterbahnfahrt, bei der ich intensive Höhen und Tiefen erlebte.

Allerdings war ich mir zu keinem Zeitpunkt bewusst, dass der Wagen, in dem ich mich befand, sich auf einem sicheren Gleis zu befinden schien.

Sind Sie schon einmal Achterbahn gefahren? Der Wagen einer Achterbahn schlängelt sich Höhen und Tiefen entlang. Auf den Höhen verlangsamte sich das Tempo, Sie können die Aussicht genießen, und ein Gefühl der Leichtigkeit und Freude setzt ein.

Geht es abwärts, spüren Sie die Geschwindigkeit durch den Fahrtwind in Ihrem Gesicht. In den Kurven drückt es Sie durch die Zentrifugalkräfte zusätzlich in den Sitz. Ihre Hände klammern sich fester am Festhaltebügel, die Angst erreicht einen Höhepunkt. Trotz der Angst ist aber alles unter Kontrolle. Sie fühlen sich niemals restlos ohne Kontrolle. Ihr Unterbewusstsein enthält die Information der vorprogrammierten Fahrt. Es kann Ihnen nichts passieren.

Wenn Sie wissen, dass nichts passieren kann, ist es Ihnen dann möglich die Höhen genauso zu genießen wie die Tiefen?

Wohin steuert uns unser Schicksal?

D as Schicksal ist eine höhere Macht, die das Leben des Menschen in einer nicht zu beeinflussenden Weise bestimmt und lenkt – schreibt der Duden.

Es leitet sich aus dem altniederländischen 'schicksel' – Anordnung ab. Das Schicksal scheint sich gegen den freien Willen des Menschen zu stellen. Mit unserem dualistisch denkenden Verstand können wir entweder nur das eine oder das andere glauben. Was aber, wenn beides gleichzeitig wahr ist, wie in der Quantenphysik? Auf der Quantenebene[23] – der Dimension der kleinsten auftretenden Energiemengen – kann eine Energiemenge auch ein Teilchen sein. Das Ergebnis hängt vom Beobachter ab!

Kann es sein, dass unser Schicksal ähnlich wie ein Navigationsinstrument im Flugzeug funktioniert? Sie haben eine Reise gebucht, und sitzen an der Fensterreihe im Flugzeug. Sie befinden sich in etwa 10.000 Meter Höhe. Wenn Sie aus dem Fenster blicken, sehen Sie nur Wolken. Nehmen wir an, Sie könnten sich nicht mehr an die Buchung erinnern, wie würden Sie sich jetzt fühlen? Verloren? In Angst und Panik? Sie würden umgehend herausfinden wollen, wo die Reise hingeht, nicht wahr? Könnten Sie sich vorstellen, die Reise völlig entspannt bis zur Landung zu genießen? Sie wissen – das Flugzeug wird irgendwann landen. Müssen Sie wirklich herausfinden, wann und wo das ist?

Verhält sich unser Schicksal nicht wie eine Reise, die wir selbst gebucht und dann wieder vergessen haben? Ähnlich dem Navigationsinstrument im Flugzeug, das bereits für den gesamten Flug und die Landung vorprogrammiert ist. Würde es uns nicht langweilig werden, wenn wir immer wissen, wo und wann wir landen?

Ist es nicht gerade diese kurzfristige ‚Amnesie‘, die wir vielleicht selbst entschieden haben, die unsere Erfahrungen so lebendig und wahrhaftig wie möglich erscheinen lassen? Wird Ihr Leben wirklich besser, wenn Sie ständig versuchen alles unter Kontrolle zu halten? Davon abgesehen, wie gut gelingt Ihnen das?

Stellen Sie sich vor welchen inneren Frieden Sie spüren könnten, wenn Sie glauben, dass Sie selbst alles bereits geplant haben. Mit dieser Entscheidung hätten Sie die Gewissheit, selbst der Autor Ihres eigenen Drehbuchs zu sein, um es auf einer anderen Ebene – in Zeit und Raum – in der Rolle des Schauspielers zu erleben.

Für welche Sicht entscheiden Sie sich, und warum? Haben Sie schon einmal nachgedacht welche Auswirkungen diese beiden Sichtweisen in Ihrem Leben haben? Handeln Sie nicht meistens aus der Sicht des freien Willens, um dann doch immer wieder die Erfahrung zu machen, dass diese Sichtweise nur manchmal zum Erfolg führt? Wäre es nicht besser diese Entscheidung irgendwann endgültig für Sie selbst zu treffen, als sich immer nur von Umständen und Gegebenheiten ins Bockshorn jagen zu lassen?

Auf der Suche nach Fakten werden Sie immer wieder auf Überzeugungen stoßen. Das, was wir im täglichen Gebrauch als Fakten bezeichnen, sind in den meisten Fällen nur Meinungen und Sichtweisen, die wir als wahr übernehmen.

Informationen aus Radio, Fernsehen, Zeitung und dem Internet spiegeln neben den angeblichen Tatsachen die Meinung eines einzelnen, einer Gruppe, einer Organisation, einer Firma oder einer Regierung wider. Es ist ein ganz entscheidender Unterschied zwischen dem was Sie selbst erfahren, und dem was Sie glauben.

Nachwort

Zurückblickend kann ich jetzt meine Erfahrungen in einem neuen Licht erkennen. Diese dramatischen Erlebnisse hatten mir meine Augen für eine mir bis dahin nicht sichtbare Dimension des Lebens geöffnet.

Es scheint mir sogar, als ob dieser Aspekt des Lebens, der außerhalb unserer sichtbaren Kontrolle liegt, die Botschaft für ein erfülltes und friedvolles Leben enthält. Ein Leben, das die geistige Verbindung mit unserem Ursprung, und unserer Quelle wieder zum Mittelpunkt unseres Daseins erhebt.

Eine Verbindung, welche immer vorhanden ist, aber nur zu selten von uns wahrgenommen wird. In den Momenten, wenn sich unser rationaler Verstand beruhigt, können wir aus der Stille alles vernehmen, was für unser weiteres Leben wichtig ist. Manchmal ist das auch nur die Stille selbst.

Weigern wir uns nur deshalb unser Schicksal anzunehmen, weil wir vergessen haben, wer wir wirklich sind? Beruht unser Glaube und unsere Besessenheit an die Absolutheit des freien Willen nicht auf der Annahme, dass wir uns verweigern die Wahrheit jenseits des Sichtbaren zu erkennen?

Gratis Hörbuch

Wussten Sie, dass Einsteins wichtigste Entdeckung nicht die Relativitätstheorie war? Erfahren Sie sein erstaunliches Geheimnis und damit den Schlüssel für Freiheit und Erfüllung in Ihrem Leben. Holen Sie sich jetzt das kostenloses Hörbuch!

Bitte diese Webseite notieren und in Ihrem bevorzugten Webbrowser eingeben:

thomasherold.com/audiobuch-geschenk

Weitere Bücher von Thomas Herold

Einsteins Wichtigste Erkenntnis
Warum die Antwort auf eine einzige Frage
Ihr Leben entscheiden kann

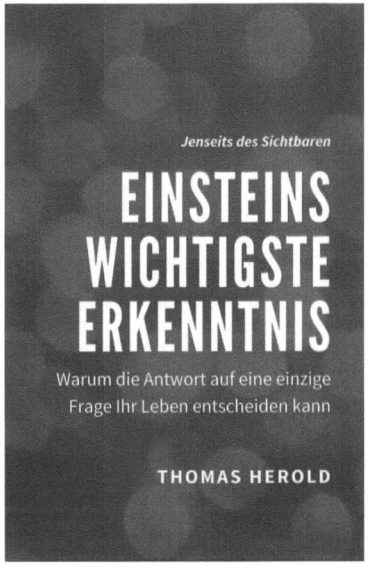

Wussten Sie, dass Einsteins wichtigste Entdeckung nicht die Relativitätstheorie war? Erfahren Sie sein erstaunliches Geheimnis und damit den Schlüssel für Freiheit und Erfüllung in Ihrem Leben.

Diese Antwort – ob bewusst oder unbewusst getroffen – beeinflusst alle Aspekte Ihres Lebens! Sie prägt das allgemeine Lebensgefühl und Ihre Grundhaltung zum Leben selbst.

Würde ich Ihnen jetzt unmittelbar diese elementare Frage auf dem silbernen Tablett präsentieren, dann wäre das etwa so, als ob ich Ihnen nur die letzte Seite eines überaus spannenden Romans zu lesen gäbe. Stellen Sie sich vor, Sie sehen nur die letzten fünf Minuten eines spannenden Krimis. Sie werden keinerlei Bezug zum Film haben. Der tiefere Sinn, die Zusammenhänge, und der emotionale ‚Spaßfaktor' bleiben auf der Strecke.

In diesem Buch werden Sie Einsteins wichtigste Entdeckung erfahren. Eine Entdeckung die für Jahrzehnte verborgen blieb und es vor kurzer Zeit veröffentlicht wurde.

Einsteins wichtigste Erkenntnis ist die Grundlage, aus der sich Ihr Lebensziel ergibt:

- Ein Ziel, das niemals mit einem anderen Ziel in Konflikt steht
- Ein Ziel, das Sie Ihr Leben lang begleitet
- Ein Ziel, das Sie motiviert ohne sich motivieren zu müssen
- Ein Ziel, das Ihnen Sicherheit und Vertrauen schenkt
- Ein Ziel, das Sie niemals vergessen werden
- Ein Ziel, das Sie mit anderen Menschen auf tiefster Ebene verbindet
- Ein Ziel, das eine dauerhafte Quelle für Inspiration und Freude ist

Wie finde ich mein Ziel im Leben am besten heraus?

Erfolgreiche Ziele, und solche die auch die meiste innere Zufriedenheit mit sich bringen, sind Ziele die über Ihre Person hinausgehen. Je mehr das Ziel andere mit einschließt, und je mehr das Ziel anderen dient, desto erfüllter werden Sie sein.

Anstatt Sie also mit endlosen Zielvariationen und Zielsystemen zu konfrontieren, möchte ich Sie auf eine Reise mitnehmen, an deren Ende Sie genau wissen, was das wichtigste Ziel (Entscheidung) in Ihrem Leben ist.

Erhältlich bei Amazon als E-Buch, Taschenbuch und Hörbuch.

Moderne Geldschöpfung
Geld aus dem Nichts und der Zinstrick der Zentralbanken

Fragen Sie sich gelegentlich auch warum alles ständig teurer wird?
Warum Wohnraum in den letzten Jahren unbezahlbar geworden ist,
und weshalb Ihr Geld auf der Bank täglich weniger wird?

Schafft Geld Wohlstand?

Seit der Corona-Krise laufen die Druckpressen aller Zentralbanken
heiß. Es wird weltweit mehr Geld gedruckt als je zuvor, und das
weltweite Finanzsystem steht vor der größten Herausforderung seiner Geschichte. Der Finanzcrash 2008 war bereits ein Indikator für
die kommende Endphase.

Wenn Banken zusätzliches Geld drucken, ohne das mehr Waren und Dienstleistungen zur Verfügung stehen, dann wird das gesamte Geld auf dem aktuellen Markt abgewertet. Es bedeutet, dass Sie plötzlich weniger kaufen können, selbst wenn der Euroschein in Ihrer Hand denselben Wert zeigt.

Dieser Prozess wird Inflation genannt, und ist das Hauptinstrument der Banken, um Geld aus dem Nichts zu verdienen. Es ist außerdem die wirksamste und auch hinterlistigste Art Ihr Geld zu entwerten, und nichts anderes als Betrug.

Wie entsteht modernes Geld?

Die Geldschöpfung im 21. Jahrhundert ist mittlerweile äußerst komplex geworden, und Sie werden nur mit erheblichem Zeitaufwand und größter Anstrengung durchschauen, wie sie im Detail funktioniert.

Wäre es einfach zu durchschauen, dann würde das Vertrauen in unser modernes Geld noch schneller als bisher schwinden, und ein globaler Aufstand gegen das bestehende Geldsystem würde sich beschleunigen.

Wie moderne Geldschöpfung genau funktioniert, und weshalb wir vor der größten Revolution in der Geschichte des Geldes stehen, erfahren Sie in diesem Buch.

Erhältlich bei Amazon als E-Buch, Taschenbuch und Hörbuch.

Zeitenwende 2020

Prognose und Wegweiser zum Aufbruch in ein neues Zeitalter

Spätestens Ende April 2020 muss jedem klar gewesen sein, dass wir in einer außerordentlichen Krise stecken. Covid-19 diente dabei als Brandbeschleuniger für die Wirtschaft, und hat eine weltweite wirtschaftliche Brandrodung, die schon Jahre zuvor loderte, in Gang gebracht.

Was vielleicht nur wenige in 2020 sehen können, ist das Ausmaß dieser Krise.

Was ist eine Zeitenwende?

Eine Zeitenwende stellt einen Umbruch im historischen Geschehen dar. Um kollektive Veränderungen besser zu verstehen und damit umzugehen, hat der Mensch schon seit jeher verschiedene Methoden der Prognostik benutzt.

Prognostik bedeutet, dass wir uns Mittel und Instrumente bedienen, welche zeitlich wiederkehrende Zusammenhänge aufzeigen und verdeutlichen. Wir können uns damit auf kommende Veränderungen besser einstellen und Fehlverhalten vermeiden.

Welche Veränderungen kommen?

In diesem Buch werden Sie aufschlussreiche Einblicke in den Bereich der Prognostik erfahren. Sie werden dadurch weitaus besser verstehen, weshalb bis ins Jahr 2025 massive globale Veränderungen auf uns zukommen werden. Diese Neugestaltung wird soziale, wirtschaftliche und auch die politische Ebene betreffen.

Erhältlich bei Amazon als E-Buch, Taschenbuch und Hörbuch.

Anmerkungen

[1] https://thomasherold.com/zeitenwende-2020/

[2] https://www.stundenastrologie.at/hellenistische-astrologie/saturn-wiederkehr/

[3] https://de.wikipedia.org/wiki/Planetenschleife

[4] https://thomasherold.com/metaebene-geld/

[5] https://de.wikipedia.org/wiki/Monsun

[6] https://internet-astrozentrum.com/onlinetexte/einfuehrung/0_inhalt.html

[7] https://de.wikipedia.org/wiki/Gl%C3%BCckskeks

[8] https://mandelbrot.de/mandelbrot

[9] http://www.qbasic.de/pb/

[10] https://de.wikipedia.org/wiki/Steve_Jobs

[11] https://de.wikipedia.org/wiki/Steve_Wozniak

[12] https://www.eckharttolle.de/

[13] https://www.goacamp.de/was-ist-eine-goa-party/amp/

[14] https://thomasherold.com/metaebene-geld/

[15] https://thomasherold.com/metaebene-geld/

[16] https://www.osho.com/de/osho-meditation-resort

[17] https://www.osho.de/

[18] https://www.doebereiner.com/muenchner-rhythmenlehre

[19] https://www.firma.de/firmengruendung/was-ist-eine-gmbh-definition-und-kosten/

[20] https://avatarepc.com/star-s-edge-international.html

[21] https://de.wikipedia.org/wiki/Harry_Palmer

[22] https://www.astroglobe.de/

[23] https://interactive.quantumnano.at/grundlagen/welle-teilchen-quanten/